『勤式集』解説

堤　楽祐著

永田文昌堂

凡例

本書は、本願寺出版社発行の『勤式集』所収の各作法及び『声明集』などに所収の作法について、その作法の変遷などを記した上、作法内の各曲について、その御文と書き下し文を示し、又その曲の旋律のいわれなども【節譜】として記しました。

一、各曲の御文については、『勤式集』などの御文と、その出処の『浄土真宗聖典（原典版）』［真宗聖典編纂委員会編纂　本願寺出版社　昭和六十年（一九八五）発行］又は『浄土真宗聖典七祖篇（原典版）』［真宗聖典編纂委員会編纂　本願寺出

版社　平成四年（一九九二）発行」の箇所を示しました。

例、（原典〇〇・〇）………『浄土真宗聖典（原典版）』〇〇頁〇行目

（原典七祖〇〇〇・〇〇）………『浄土真宗聖典七祖篇（原典版）』〇〇〇頁〇〇行目

二、書き下し文は、『浄土真宗聖典（註釈版）第二版』「教学伝道研究センター編纂　本願寺出版社　平成十六年（二〇〇四）発行」又は『浄土真宗聖典七祖篇（註釈版）』「教学伝道研究センター編纂　本願寺出版社　平成八年（一九九六）発行」の箇所を示しました。

例、（註釈〇〇・〇）………『浄土真宗聖典（註釈版）第二版』

○○頁○行目
（註釈七祖○○○・○○）………『浄土真宗聖典七祖篇（註釈版）』○○○頁○○行目

三、【節譜】の中の曲の解説については、『本願寺派声明考』［松下忠文著　祐西寺圓音会　昭和五十二年（一九七七）発行］及び『声明譜並解説』［播磨照浩著　あそか書林　昭和五十四年（一九七九）発行］などを参考にしました。

四、本文中に出ている声明に関する資料を左に列記します。

『聲明品彙』四冊（安政本）安政四年（一八五七）（広如上人時代）本願寺派最初の御蔵版本

『龍谷唄策』二巻　明治二十一年（一八八八）（明如上人時

代）　編輯（へんしゅう）兼発行者　京都府下京区第廿三組山
川町五番戸　永田長左衛門
『梵唄集』三巻　明治三十九年（一九〇六）（鏡如上人時代）
編纂者　柱本瑞雲（顕道書院発行）
『梵唄集』三巻　明治四十三年（一九一〇）（鏡如上人時代）
編纂者　澤　圓諦（興教書院発行）
現行の『声明集』二巻　昭和八年（一九三三）（勝如上人時代）
章譜者　近藤亮成（本願寺奉仕局発行）

目次

目　次

目次

《上　巻》

無量壽經作法

仏説無量寿経（抜粋）を中心に、全体の構成は天台声明の例時作法に倣《なら》っています。

◎　總禮頌《讃阿弥陀仏偈（曇鸞大師撰）》

（原典七祖一九〇・八）

諸聞阿彌陀德號　信心歡喜慶所聞

乃暨一念至心者　廻向願生皆得往

唯除五逆謗正法　故我頂禮願往生

（註釈七祖一六七・一四）

あらゆるもの、阿弥陀《あみだ》の徳号《とくごう》を聞《き》きて、信心歓喜《しんじんかんぎ》して聞《き》くところを慶《よろこ》び、すなはち一念《いちねん》に曁《およ》ぶまで心《しん》を至《いた》すもの、回向《えこう》して生《しょう》ぜんと願《がん》ずればみな生《しょう》ずることを得《う》。

ただ五逆《ごぎゃく》と謗正法《ほうしょうぼう》とを除《のぞ》く。ゆゑにわれ頂礼《ちょうらい》して往生《おうじょう》を願《がん》ず。

【節譜】　『龍谷唄策』の光明唱礼に用いられているものが初見であって、明治十五年（一八八二）に覚秀が作曲したものであります。

◎三奉請《法事讃（善導大師撰）》

（原典七祖六〇〇・一二）

奉請弥陀如来［世尊］入道場 散華樂

奉請釋迦如来 入道場 散華樂

奉請十方如来 入道場 散華樂

（註釈七祖五三〇・四）

弥陀如来《みだにょらい》〔世尊〕を奉請《ぶじょう》す道場《どうじょう》に入《い》りたまへ散華楽《さんげらく》

釈迦如来《しゃかにょらい》を奉請《ぶじょう》す道場《どうじょう》に入《い》りたまへ散華楽《さんげらく》

十方《じっぽう》の如来《にょらい》を奉請《ぶじょう》す道場《どうじょう》に入《い》りたまへ散華楽《さんげらく》

以前は四奉請であり、『龍谷唄策』に出ています。

《参考》

四奉請

奉請十方如来　入道場　散華樂

奉請釋迦如来　入道場　散華樂

奉請彌陀如来　入道場　散華樂

奉請観音勢至諸大菩薩　入道場　散華樂

◎　發起序《仏説無量寿経（康僧鎧訳）》

（原典一〇・二）

今日世尊　住奇特法　今日世雄　住佛所住
今日世眼　住導師行　今日世英　住最勝道
今日天尊　行如来徳

（註釈八・六）

今日世尊《こんにちせそん》、奇特《きどく》の法《ほう》に住《じゅう》したまへり。今日世雄《こんにちせおう》、仏《ぶつ》の所住《しょじゅう》に住《じゅう》したまへり。今日世眼《こんにちせげん》、導師《どうし》の行《ぎょう》に住《じゅう》したまへり。今日世英《こんにちせよう》、最勝《さいしょう》の道《どう》に住《じゅう》したまへり。今日天尊《こんにちてんそん》、如来《にょらい》の徳《とく》を行《ぎょう》じたまへり。

【節譜】　「阿弥陀懺法」の本譜の供養文を略譜にし、これを『梵唄集』の「阿弥陀懺法」の早譜として用いられたものであります。

◎念佛（御文略）

【節譜】十一句の念佛は天台の「例時作法」（早譜）の合殺念佛でありあります。『声明品彙』の四冊目に合殺（本譜にて八句）として出ています。本来は漢音のものであります。

◎經段（御文略）《仏説無量寿経（康僧鎧訳）》

巻上　正宗分　法蔵発願　四十八願

（原典一九・七）
（註釈一五・一四）

◎念佛《法事讃（善導大師撰）》

南无阿弥陀佛　南无釋迦牟尼佛

南无十方諸佛　南无観世音菩薩

南无大勢至菩薩　南无清浄大海衆菩薩

〔原文〕

（原典七祖六七三・三）

南無西方極樂世界阿彌陀佛願共諸衆生往生安樂国

南無西方極樂世界觀世音菩薩摩訶薩願共諸衆生往生安樂国

南無西方極樂世界大勢至菩薩摩訶薩願共諸衆生往生安樂国

南無西方極樂世界諸菩薩摩訶薩清淨大海衆願共諸衆生往生安樂国

（註釈七祖五九三・一五）

西方極楽世界《さいほうごくらくせかい》の阿弥陀仏《あみだぶつ》に南無《なも》したてまつる。願《ねが》はくはもろもろの衆生《しゅじょう》とともに安楽国《あんらくこく》に往生《おうじょう》せん。

西方極楽世界《さいほうごくらくせかい》の観世音菩薩摩訶薩《かんぜおんぼさつまかさつ》に南無《なも》したてまつる。願《ねが》はくはもろもろの衆生《しゅじょう》とともに安楽国《あんらくこく》に往生《おうじょう》せん。西方極楽世界《さいほうごくらくせかい》の大勢至菩薩摩訶薩《だいせいしぼさつまかさつ》に南無《なも》したてまつる。願《ねが》はくはもろもろの衆生《しゅじょう》とともに安楽国《あんらくこく》に往生《おうじょう》せん。西方極楽世界《さいほうごくらくせかい》のもろもろの菩薩摩訶薩《ぼさつまかさつ》、清浄大海衆《しょうじょうだいかいしゅ》に南無《なも》したてまつる。願《ねが》はくはもろもろの衆生《しゅじょう》とともに安楽国《あんらくこく》に往生《おうじょう》せん。

【節譜】　『梵唄集』の無量壽經作法の四句念佛に、釋迦、十方の二句を加えたものであります。

◎　成就文《仏説無量寿経（康僧鎧訳）》

（原典五二・七）

諸有衆生　聞其名號　信心歡喜　乃至一念　至心迴向
願生彼國　即得往生　住不退轉　唯除五逆　誹謗正法

（註釈四一・六）

あらゆる衆生《しゅじょう》、その名号《みょうごう》を聞《き》きて、信心歓喜《しんじんかんぎ》せんこと、乃至一念《ないしいち ねん》せん。至心《ししん》に回向《えこう》したまへり。かの国《くに》に生《うま》れんと願《がん》ずれば、すなはち往生《おうじょう》を得《え》、不退転《ふたいてん》に住《じゅう》せん。ただ五逆《ごぎゃく》と誹謗正法《ひほうしょうぼう》とをば除《のぞ》く。

【節譜】『梵唄集』の無量壽經作法の回向句を用いたものであります。

◎回向句《顕浄土真実教行証文類　行文類（親鸞聖人）〈平等覚経〉》

（原典一七九・六）

聞是法而不忘　便見敬得大慶

則我之善親厚［原］　以是故發道意

（註釈一四五・一二）

この法《ほう》を聞《き》きて忘《わす》れず、すなはち見《み》て敬《うやま》ひ得《え》て大《おお》きに慶《よろこ》ばば、すなはちわが善《よ》き親厚《しんこう》なり。これをもつてのゆゑに道意《どうい》を発《ほっ》せよ。

【節譜】　天台「例時作法」の後唄（漢音読みの後唄）が用いられ、

『天台六巻帖』及び『声明品彙』の三冊目には、後唄呂及び律の本譜及び略として出ており、『龍谷唄策』・『梵唄集』にも用いられてあります。現行のものは昭和六年（一九三一）に新製になり、後唄の譜は乙回向として数種の曲に用いられています。

阿彌陀經作法（旧　例時作法）

仏説阿弥陀経を中心に構成された作法で、昭和八年（一九三三）に現行の『声明集』が発行される際に作法名が変更され、それ以前は天台声明に倣って例時作法と称していました。

尚、この阿彌陀經作法は、名義段を除いて漢音で読みますが、すべてを呉音で読む阿彌陀經作法（第二種）が声明集別冊（非売品）に収められており、その内容は、三奉請・阿弥陀経・合殺念仏・伽陀回向であります。

◎三奉請（御文は無量壽經作法　三奉請と同じ）

【節譜】「例時作法」の四奉請を三奉請とし、「無量壽經作法」の三奉請と同じものを漢音読みとしたものであります。

◎念佛（御文略）

【節譜】「例時作法」の甲念佛（経段の前後に二回用いる）を、そのまま用いたものであります。

◎經段（御文略）《仏説阿弥陀経（鳩摩羅什訳）》

◎念佛（御文略）　　（原典一四九・三）
（註釈一一二一・三）

【節譜】「例時作法」の合殺（漢音読み）に依るもので、「無量壽經作法」と同じものを漢音読みとしたものであります。

◎名義段《仏説阿弥陀経（鳩摩羅什訳）》　　（原典一五二・一三）

光明無量　照十方國　無所障礙　是故號爲
阿彌陀又　彼佛壽命　及其人民　無量無邊
歸命頂礼　無量壽尊

（註釈一二三・一五）

光明無量《こうみょうむりょう》にして、十方《じっぽう》の国《くに》を照《て》らすに障礙《しょうげ》するところなし。このゆゑに号《ごう》して阿弥陀《あみだ》とす。また〔舎利弗、〕かの仏《ぶつ》の寿命《じゅみょう》およびその人民《にんみん》〔の寿命〕も無量無辺《むりょうむへん》〔阿僧祇劫〕なり。
無量 壽尊《むりょうじゅそん》に歸命《きみょう》 頂礼《ちょうらい》したてまつる。

【節譜】「無量壽經作法」の成就文と同様に、「例時作法」の回向句（次第取）に依ったものでありますが、現在の御文は「阿弥陀経」の二節目初めの御文が用いられています。

《参考》「例時作法」回向句の御文

天下和順　日月清明　風雨以時　災厲不起
国豊民安　兵戈無用　皇帝萬歳　伽藍榮久
佛子安穏　紹隆正法　帰命頂礼　無量壽尊

◎回向句《法事讃（善導大師撰）》

（原典七祖六五三・二、八）

世尊説法時将了　慇懃付属弥陀名

衆等回心生浄土　手執香華常供養

（註釈七祖五七六・五）

世尊《せそん》法《ほう》を説《と》きたまふこと、時《とき》まさに了《おわ》りなんとして、慇懃《おんごん》に弥陀《みだ》の名《みな》を付属《ふぞく》したまふ。衆等《しゅとう》、心《しん》を回《え》して浄土《じょうど》に生《しょう》ぜんとして、手《て》に香華《こうげ》を執《と》りてつねに供養《くよう》したてまつれ。

【節譜】　「例時作法」の後唄（超日月三昧經の文）の譜に依っています。

大師影供作法

天台声明の傳教大師影供作法に倣って、明治時代に親鸞聖人が見真大師の大師号を賜わって以来、見真大師影供作法として『龍谷唄策』に大師影供として出ています。

◎五眼讃《仏説無量寿経（康僧鎧訳）》　（原典六四・六）

肉眼清徹　靡不分了　天眼通達　無量無限

法眼観察　究竟諸道　慧眼見真　能度彼岸

佛眼具足　覺了法性

（註釈五〇・一五）

肉眼《にくげん》は清徹《しょうてつ》にして分了《ふんりょう》ならざることなし。天眼《てんげん》は通達《つうだつ》して無量《むりょう》無限《むげん》なり。法眼《ほうげん》は観察《かんざつ》して諸道《しょどう》を究竟《くきょう》す。慧眼《えげん》は真《しん》を見《み》てよく彼岸《ひがん》に度《ど》す。仏眼《ぶつげん》は具足《ぐそく》して法性《ほっしょう》を覚了《かくりょう》す。

【節譜】　魚山声明の四智讃、梵語、呂曲、乙様、出音徴、黄鐘調の譜を用いたものであります。宝暦十一年（一七六一）宗祖五〇〇回忌に際して、譜は天台声明に依りながら、御文は所依の経論に依って改作された曲の一つであります。

尚、この曲は伝供の際に用いるもので、大師影供作法の際に必ず用いるものではなく、又他の作法の最初に用いる場合もあります。

◎頌讃《顕浄土真実教行証文類　教文類（親鸞聖人）》

（原典一七一・一〇）

如来興世之正説　　奇特最勝之妙典

一乗究竟之極説　　速疾圓融之金言

十方稱讃之誠言　時機純熟之真教

（註釈一三八・一三）

如来興世《にょらいこうせ》の正説《しょうせつ》、奇特最勝《きどくさいしょう》の妙典《みょうでん》、一乗究竟《いちじょうくきょう》の極説《ごくせつ》、速疾円融《そくしつえんにゅう》の金言《きんげん》、十方称讃《じっぽうしょうさん》の誠言《じょうごん》、時機純熟《じきじゅんじゅく》の真教《しんきょう》

【節譜】　勧請の譜であります。即ち法則《ほっそく》譜であって、本声明ではありません。『声明品彙』『龍谷唄策』『梵唄集』のいずれも「敬禮十方」など同じ御文であります。節譜は各本とも異なっていますが、現在の頌讃は『梵唄集』による節譜です。

◎ 畫讃《本廟宗祖画像讃文（寂如上人作）》

韜名愚禿畏人知　高徳弥彰澆季時
誰了如来興世意　直標浄典属今師

名《な》を愚禿《ぐとく》に韜《つつ》んで人《ひと》の知《し》るを畏《おそ》る。
高徳《こうとく》いよいよ澆季《ぎょうき》の時《とき》に彰《あらわ》る。
誰《だれ》か如来興世《にょらいこうせ》の意《い》を了《さと》る。
直《ただ》ちに浄典《じょうてん》を標《しる》して今師《こんし》に属《ぞく》す。

【節譜】　天台声明の六巻帖の中の「授地偈」の譜を付したもので

ありまして、明治十一年（一八七八）覚秀の手によるものであります。画讃とは、天台の「傳教大師影供作法」の例により、浄土真宗においても、宗祖は勿論、蓮如上人やその他の歴代宗主の遠忌法要に依用されています。尚、この曲は漢音で唱えますが、三句目の「興」のみ漢音の「きょう」ではなく、呉音の「こう」で唱えます。

◎念佛正信偈（御文略）《浄土文類聚鈔（親鸞聖人）》

（原典六一四・五）
（註釈四八五・三）

【節譜】天台声明の譜は、本譜、切声《きりごえ》、和讃節の三種がありますが、本願寺派では切声のみが用いられ、「例時作法」（略譜）の『五念門』（十一礼）に依ったものであります。

◎回向句《造語　六種回向》

稽首阿弥陀両足尊
敬禮常住三寶
敬禮一切三寶
我今歸依　釋迦善逝
見真大師　傳燈諸師

願以此功徳　平等施一切

同發菩提心　往生安樂國

稽首《けいしゅ》［天人所恭敬］阿弥陀《あみだ》両足尊《りょうそくそん》

（原典一三七五・二）

阿弥陀《あみだ》〔仙〕両足尊《りょうぞくそん》に稽首《けいしゅ》したてまつる。

（註釈〔初版〕一四四一・二）

《十二礼（龍樹菩薩造）》

阿弥陀《あみだ》〔仙〕両足尊《りょうぞくそん》に稽首《けいしゅ》したてまつる。

（註釈七祖六七七・一五）

《往生礼讃（中夜偈）

（善導大師撰）》

（原典七祖六六九・四）

〔唱〕敬礼《きょうらい》常住《じょうじゅう》三宝《さんぼう》

（註釈七祖五九〇・一〇）

「敬礼《きょうらい》常住《じょうじゅう》三宝《ぼう》」を唱《とな》へよ《法事讃（善導大師撰）》

（原典七祖五八四・七）

敬礼一切三宝

（註釈七祖五一五・一〇）

〔原文〕

敬礼南無常住仏　　敬礼《きょうらい》し、常住《じょうじゅう》の仏《ぶつ》に南無《なも》したてまつる。

敬礼南無常住法　　敬礼《きょうらい》し、常住《じょうじゅう》の法《ほう》に南無《なも》したてまつる。

敬礼南無常住僧　　敬礼《きょうらい》し、常住《じょうじゅう》の僧《そう》に南無《なも》したてまつる。

《法事讃（善導大師撰）》

我今帰依　釋迦善逝

見真大師　傳燈諸師

われいま釈迦善逝《しゃかぜんぜい》、見真大師《けんしんだいし》、

伝灯諸師《でんとうしょし》に帰依《きえ》したてまつる。（新規作成）

以下乙回向句と同じ

【節譜】天台声明の『六巻帖』二冊目、九條錫杖中に六種として出ており、『声明品彙』では三冊目六種回向二品、『龍谷唄策』では上巻、六種回向、『梵唄集』では中巻、大師影供作法、六種回向としてそれぞれ出ています。延宝六年（一六七八）に始用されていますが、昭和八年（一九三三）に現行の『声明集』が発行される際に、名称を回向句に変更しました。

《参考》

六種とは閼伽《あか》・塗香・華鬘・焼香・飲食《おんじき》・灯明で、六波羅蜜の次第を表わすと言われています。

六種回向の御文の変遷

『天台六種』

供養浄陀羅尼一切誦　敬礼常住三寶　敬礼一切三寶

我今歸依釋迦彌陀　願於生生以一切種　淨妙供具供養供敬

無邊三寶自他同證　無上菩提

『声明品彙』

願於生生以一切種　までは右に同じ　以下　上妙供具供養无量

无邊法界自他同證　无上菩提

『龍谷唄策』及び『梵唄集』

我今歸依釋迦弥陀　までは右に同じ　以下

見真大師傳燈諸師　願於生生以一切衆　淨妙供具供養無量

無邊三寶自他同證　無上菩提

以上のように、明治二十一年（一八八八）の『龍谷唄策』より「見真大師傳燈諸師」の御文が使用されています。

◎乙回向句《観経疏　玄議分　帰三宝偈（善導大師撰）》

（原典七祖三三七・三）

願以此功徳
平等施一切
同發菩提心
往生安樂國

（註釈七祖二九九・二）

願《ねが》はくはこの功徳《くどく》をもつて、平等《びょうどう》に一切《さい》に施《ほどこ》し、同《おな》じく菩提心《ぼだいしん》を発《おこ》して、安楽国《あんらくこく》に往生《おうじょう》せん。

【節譜】　無量壽經作法の回向句参照

五會念佛作法（旧　五会念仏略法事讃）

法照禅師が中国山西省五台山竹林寺でこれを修し、わが国には平安初期に慈覚大師円仁によって中国から伝えられ、比叡山の常行三昧堂の作法とされていました。

以前は他宗派でも用いられていましたが、現在は本願寺派以外であまり用いられず、本願寺派では第十四代寂如上人時代に伝えられ、旧本では「五会念仏略法事讃」と称して用いていましたが、昭和八年（一九三三）の声明集の改訂の際内容を変更し、「五会念仏作法」と改題し、昭和十三年（一九三八）七月より、毎月の宗祖月忌法要逮夜に用いられるようになりましたが、現在は御正忌報恩講や四祖（覚如上人・蓮如上人・顕如上人・勝如上人）の祥月命日の逮夜法要などに用いられています。

◎三奉請（御文は無量壽經作法　三奉請と同じ）

【節譜】『梵唄集』の五会念仏略法事讃の「散華楽文」の四句（四奉請）に依ったもので、それを三奉請に改めたものであり、伽陀と共通の旋律で、本願寺派で作られた曲です。

◎念佛（御文略）

【節譜】

「五会念仏」は、念仏を五段階に分けて唱える法で、念仏を第一会では平声緩念《へいせいかんねん》、第二会では平上声緩急念《へいじょうせいかんきゅうねん》、第三会では非緩非急念《ひかんひきゅうねん》、第四会では漸急念《ぜんきゅうねん》、第五会では四字転急念《よじてんきゅうねん》の五段階に分けて唱えるもので、法照は五台山をはじめ、長安・弁州などで弘通したと伝えられています。仏名を何度も繰り返して唱えると、自然に早くなり、調子も高くなるのを「無量寿経」の「清風時発出五音声」に因んで五段階に組織したものが五会念仏であり、唐代にひろく行われていた礼懺で仏名を称するときにも、緩から急に唱えられていたと思われます。現在はその第一会のみが伝承されており、第二会以下の念仏についての節譜などは、現在見当たりません。

◎誦讃偈《顕浄土真実教行証文類　行文類（親鸞聖人）》

（原典二一三・七）

甲

如來尊號甚分明　十方世界普流行

但有稱名皆得往　觀音勢至自來迎

（註釈一七一・一二）

如来《にょらい》の尊号《そんごう》は、はなはだ分明《ぶんみょう》なり。十方世界《じっぽうせかい》にあまねく流行《るぎょう》せしむ。ただ名《みな》を称《しょう》するのみありて、みな往《ゆ》くことを得《う》。観音《かんのん》・勢至《せいし》おのづから来《きた》り迎《むか》へたまふ。

（原典二一五・二）

乙

五濁修行多退轉　不如念佛往西方

到彼自然成正覺　還來苦海作津梁

（註釈一七二・一二）

五濁《ごじょく》の修行《しゅぎょう》は多《おお》く退転《たいてん》す。念仏《ねんぶつ》して西方《さいほう》に往《ゆ》くにはしかず。かしこに到《いた》れば自然《じねん》に正覚《しょうがく》を成《な》る。苦界《くかい》に還来《かえ》りて津梁《しんりょう》とならん。

【節譜】『聲明品彙』の尊号讃及び津梁段として用いられてありますが。節譜は現行のものと違っています。又、『龍谷唄策』には誦讃偈として律曲羽で用いられ、更に『梵唄集』で誦讃偈として律曲、出音羽、黄鐘調で用いられています。

◎荘嚴讃《浄土五会念佛略法事儀讃》（御文略）

「極楽荘厳讃」ともいい、法照禅師の撰による御文で、現在本願寺派で用いられる声明のうち、唯一浄土三部経・七祖及び宗祖の撰述以外の御文を用いたものであります。宗祖はこの法照禅師を三帖和讃の中でも高僧和讃の善導讃で「世世に善導いでたまひ　法照少康としめしつゝ　功徳蔵をひらさてぞ　諸仏の本意とげたまふ」（小本和讃四十九丁右）と善導大師の生れ替わりと讃えられています。

【節譜】　本願寺派で作られた曲で、浄土五会念仏略法事儀讃の中の極楽荘厳讃の節でありますが、昭和六年（一九三一）の正信偈の改譜の際に、現在の真譜の基にしたのがこの荘厳讃の譜でもあり、真譜を簡略化したものが、行譜の善導以下であります。

『聲明品彙』では現行とよく類似した節譜でありますが、

少し違った所があります。『龍谷唄策』と『梵唄集』では、初句の「行」の博士が違っています。現行の唱え方は『梵唄集』の荘厳讃そのままが使用されています。「行」の博士は、『龍谷唄策』では盤渉のスク、『梵唄集』では黄鐘のスクで、『龍谷唄策』の方が、現行の正信偈の真譜や行譜の形と同じであることが分ります。

◎回向（御文は大師影供作法　乙回向句と同じ）

【節譜】　多くの法要に用いられる曲でありますが、伽陀や三奉請と同類の曲であり、伽陀回向と言われます。

讀經作法

所依の経典であります浄土三部経を読誦する作法ですが、経文は全部読むのではなく、部分的に読経します。

『龍谷唄策』『梵唄集』では、「讀經開闢作法」「讀經中間作法」「讀經結願作法」「讀經一座作法」の別があり、それを簡略化したものが現行の作法であります。

◎先請伽陀《法事讃（善導大師撰）》

（原典七祖五七八・一〇）

先請彌陀入道場　不違弘願應時迎

觀音勢至塵沙衆　從佛乘華來入會

（註釈七祖五一〇・六）

先《ま》づ弥陀《みだ》を請《しょう》じたてまつる道場《どうじょう》に入《い》りたまへ［無量楽　般舟三昧楽　願往生］

弘願《ぐがん》に違《い》せず時《とき》に応《おう》じて迎《むか》へたまへ［無量楽］

観音《かんのん》・勢至《せいし》・塵沙《じんじゃ》の衆《しゅう》［願往生］

仏《ぶつ》〔阿弥陀仏〕に従《したが》ひ華《はな》に乗《じょう》じて来《きた》りて会《え》に入《い》りたまへ［無量楽］

【節譜】天台声明にはこの曲の原型と変えられるものは見当りません。しかし曲の様相を見ます時、大谷派・木辺派・佛光寺派などの伽陀と同じ様相を示しています。即ち真宗独自の伽陀に沿って、天台声明に倣って本願寺派で作曲されたものであり、作曲の年代は、安政本に「三経章」の名目が収められながら『余響』に見えない所から、江戸末期でありましょう。

◎經段（四十八願文）（御文略）《仏説無量寿経（康僧鎧訳）》

巻上　正宗分　法蔵発願　四十八願

現行「無量壽經作法」の経段がそのまま用いられています。
（原典一九・七）
（註釈一五・一四）

◎瓔珞伽陀《般舟讃（善導大師撰）》
（原典七祖八一三・二）

瓔珞經中說漸教　萬劫修功證不退
觀經彌陀經等說　即是頓教菩提藏

（註釈七祖七一八・一一）

『瓔珞経《ようらくきょう》』のなかには漸教《ぜんぎょう》を説《と》く［願往生］
万劫《まんごう》の修功《しゅく》不退《ふたい》を証《しょう》す［無量楽］
『観経《かんぎょう》』・『弥陀経《みだきょう》』等《とう》の説《せつ》は［願往生］
すなはちこれ頓教菩提蔵《とんぎょうぼだいぞう》なり［無量楽］

◎経段（第九真身観）（御文略）《仏説観無量寿経（畺良耶舎訳）》

真身観にあり、現行の「観無量壽經作法」の経段を呉音の
読み方で依用されたものであります。

（原典一二五・一〇）
（註釈一〇一・一〇）

◎世尊伽陀（御文は阿彌陀經作法　回向句と同じ）

◎經段（名義段、修因段、證誠段）（御文略）《仏説阿弥陀経（鳩摩羅什訳）》

「阿弥陀経」の後半を呉音の読み方で用いられたものであります。

（原典一五二・一二）
（註釈一二三・一四）

◎讃（恩徳讃）（御文略）《正像末和讃（親鸞聖人）》

（原典七二九・ａ一）
（註釈六一〇・ａ九）

【節譜】　昭和六年（一九三一）現行の声明集が編集された時に、近藤亮成によって作譜された略譜であり、本譜は、『龍谷唄策』『梵唄集』の讀經一座作法のいずれにも「教化」

として依用されており、現在は『本山専用本』の讀經作法の「教化」として掲載されています。

◎回向（御文は大師影供作法　乙回向句と同じ）

【節譜】　五會念佛作法　回向と同じ

《下　巻》

観無量壽經作法（旧　阿彌陀懺法）

仏説観無量寿経を中心に構成された作法で、昭和八年（一九三三）に現行の『声明集』が発行される際に作法名が変更され、それ以前は天台声明に倣って阿彌陀懺法と称していました。

この阿彌陀懺法は魚山声明の法華懺法（本譜略譜）によって作成されたものであります。尚、現行の作法は早譜を取捨して作成されたものであります。

◎　至心礼《法事讃（善導大師撰）》

（原典七祖五八四・七）

至心敬礼　南無常住佛

至心敬礼　南無常住法

至心敬礼　南無常住僧

（註釈七祖五一五・一〇）

〔道場の大衆裏あひともに〕心《しん》を至《いた》して敬礼《きょうらい》し、常住《じょうじゅう》の仏《ぶつ》に南無《なも》したてまつる。

〔道場の大衆裏あひともに〕心《しん》を至《いた》して敬礼《きょうらい》し、常住《じょうじゅう》の法《ほう》に南無《なも》したてまつる。

〔道場の大衆裏あひともに〕心《しん》を至《いた》して敬礼《きょうらい》し、常住《じょうじゅう》の僧《そう》に南無《なも》したてまつる。

無《も》したてまつる。

【節譜】「阿彌陀懺法」（早譜）の三禮の譜に依っていますが、元は「法華懺法」の敬礼三宝に依っています。

◎般舟讃前序（御文略）《般舟讃（善導大師撰）》

（原典七祖八〇九・四）
（註釈七祖七一五・三）

【節譜】日中礼讃の広懺悔の譜をうつした『梵唄集』の「如法念

佛作法」の広懺悔の譜に依っています。

◎念佛（御文略）

【節譜】「阿彌陀懺法」（早譜）の十方《しほう》念佛の譜を、十句の念佛に採譜されたものです。

《参考》

十方念佛（天台宗及び華厳宗の御文）『声明辞典』より

南無十方佛　　南無十方法
南無十方僧　　南無釋迦牟尼佛
南無多宝佛　　南無十方身釋迦牟尼佛

南無妙法蓮経　南無文殊師利菩薩

南無普賢菩薩

十方念佛（浄土真宗の「梵唄品彙」所収の御文）

南無十方佛　南無十方法

南無十方僧　南無阿閦鞞佛

南無日月燈佛　南無無量壽如来

南無燄肩佛　南無師子佛

南無梵音佛　南無釋迦牟尼佛

◎經段（御文略）（第九真身観）《仏説観無量寿経（畺良耶舎訳）》

（原典一二五・一〇）
（註釈一〇一・一〇）

◎念佛（御文略）

【節譜】「阿彌陀懺法」（早譜）の四句念佛をそのまま用いられたものです。

◎回向（御文は大師影供作法　乙回向句と同じ）

【節譜】「阿彌陀懺法」（早譜）の後唄の譜を付けたものです。

廣文類作法（旧　正信念佛偈作法）

大正十二年（一九二三）に立教開宗七〇〇年記念法要に際して制定された「正信念佛偈作法」（第一種とする説あり）を昭和八年（一九三三）に現行の『声明集』が発行される際に簡略化して作法名を変更したものであります。

（原典一六三・二）

◎ 總序《顕浄土真実教行証文類（親鸞聖人）》

竊以難思弘誓度難度海大船無㝵光明破無明闇惠日然則浄邦縁熟調達闍世興逆害浄業機彰釋迦韋提選安養斯乃權化仁齊救濟苦惱群萠世雄悲正欲惠逆謗闡提故知圓融至德嘉號轉惡成德正智難信金剛信樂除疑獲證真理也爾者凡小易修真教愚鈍易往捷徑大聖一代教無如是之德海捨穢忻浄迷行惑信心昏識寡惡重鄣多特仰如來發遣必歸最勝直道専奉斯行唯崇斯信噫弘誓強縁多生叵値真實浄信億劫叵獲遇獲行信遠慶宿縁若也此廻覆蔽疑網更復逕歷曠劫誠哉攝取不捨真言超世希有正法聞思莫遲慮爰愚禿釋鸞慶哉西蕃月支聖典東夏日域師釋難遇今得遇難聞已得聞敬信真宗教行證特知如來恩德深斯以慶所聞嘆所獲矣

（註釈一三一・二）

ひそかにおもんみれば、難思《なんじ》の弘誓《ぐぜい》は難度海《なんどかい》を度《ど》する大船《だいせん》、無礙《むげ》の光明《こうみょう》は無明《むみょう》の闇《あん》を破《は》する恵日《えにち》なり。しかればすなはち、浄邦縁《じょうほうえん》熟《じゅく》して、調達《じょうだつ》〔提婆達多〕、闍世《じゃせ》〔阿闍世〕をして逆害《ぎゃくがい》を興《こう》ぜしむ。浄業《じょうごう》機彰《きあらわ》れて、釈迦《しゃか》、韋提《いだい》をして安養《あんにょう》を選《えら》ばしめたまへり。これすなはち権化《ごんけ》の仁《にん》斉《ひと》しく苦悩《くのう》の群萌《ぐんもう》を救済《くさい》し、世雄《せおう》の悲《ひ》まさしく逆《ぎゃく》謗闡提《ほうせんだい》を恵《めぐ》まんと欲《おぼ》す。ゆゑに知《し》んぬ、円融至徳《えんにゅうしとく》の嘉号《かごう》は悪《あく》を転《てん》じて徳《とく》を成《な》す正智《しょうち》、難信金剛《なんしんこんごう》の信楽《しんぎょう》は疑《うたがい》を除《のぞ》き証《さとり》を獲《え》しむる真理《しんり》なりと。

しかれば、凡小修《ぼんしょうしゅ》し易《やす》き真教《しんきょう》、愚鈍往《ぐどんゆ》き易《やす》き捷径《せっけい》なり。大聖《だいしょう》一代《いちだい》の教《きょう》、この徳海《とくかい》にしくなし。穢《え》を捨《す》て浄《じょう》を欣《ねが》ひ、行《ぎょう》に迷《まど》ひ信《しん》に惑《まど》ひ、心昏《こころくら》く識寡《さとりすく》なく、悪重《あくおも》く障多《さわりおお》きもの、ことに如来《にょらい》〔釈尊〕

の発遣《はっけん》を仰《あお》ぎ、かならず最勝《さいしょう》の直道《じきどう》に帰《き》して、もつぱらこの行《ぎょう》に奉《つか》へ、ただこの信《しん》を崇《あが》めよ。ああ、弘誓《ぐぜい》の強縁《ごうえん》、多生《たしょう》にも値《もうあ》ひがたく、真実《しんじつ》の浄信《じょうしん》、億劫《おくこう》にも獲《え》がたし。たまたま行信《ぎょうしん》を獲《え》ば、遠《とお》く宿縁《しゅくえん》を慶《よろこ》べ。もしまたこのたび疑網《ぎもう》に覆蔽《ふへい》せられば、かへつてまた曠劫《こうごう》を経歴《きょうりゃく》せん。誠《まこと》なるかな、摂取不捨《せっしゅふしゃ》の真言《しんごん》、超世希有《ちょうせけう》の正法《しょうぼう》、聞思《もんし》して遅慮《ちりょ》することなかれ。

ここに愚禿釈《ぐとくしゃく》の親鸞《しんらん》、慶《よろこ》ばしいかな、西蕃《せいばん》・月支《げっし》の聖典《しょうてん》、東夏《とうか》〔中国〕・日域《じちいき》〔日本〕の師釈《ししゃく》に、遇《あ》ひがたくしていま遇《あ》ふことを得《え》たり、聞《き》きがたくしてすでに聞《き》くことを得《え》たり。真宗《しんしゅう》の教行《きょうぎょう》証《しょう》を敬信《きょうしん》して、ことに如来《にょらい》の恩徳《おんどく》の深《ふか》きことを知《し》んぬ。ここをもつて聞《き》くところを慶《よろこ》び、獲《う》るところを嘆《たん》ずるなりと。

【節譜】　澤圓諦師が明治二十四年（一八九一）の顕如上人三百回忌の際に製作した「浄土禮讃儀」の請香華文（法事讃）の譜によるものですが、元は声明懺法の五悔《ごげ》に依っています。

◎正信念佛偈（御文略）《顕浄土真実教行証文類　行文類（親鸞聖人）》

（原典二五三・一三）

（註釈二〇三・二）

【節譜】

大師影供作法の念佛正信偈と同様に、「旧例時作法」（早譜）の五念門に依るものであります。

尚、日常勤行に用いる正信偈（正信念仏偈）・念仏・和讃六首引に関しては、門信徒も共にお勤めする勤行である為、昭和三十六年（一九六一）このお勤めに限って鼻音を止めて「つ」としましたが、いわゆる十二礼の節で唱える正信念仏偈も音楽法要などでは「つ」と唱えるなど、鼻音と「つ」の混同が生じて来ましたので、平成三十年（二〇一八）より葬場勤行も含めて正信念仏偈を唱える際には、すべて「つ」とすると決定されました。

又、「ワル」についても、本来は十二礼の節の場合も用いるのが原則ですが、正信念仏偈に関しては、昭和三十六年（一九六一）に奉讃大師作法が制定された際、門信徒も一緒に唱える大衆唱和であるとの観点から、「ワル」は用いないとされました。

◎念佛（無量壽經作法　十一句念佛と同じ）

◎回向（御文は大師影供作法　乙回向句と同じ）

【節譜】　五會念佛作法　回向と同じ

二門偈作法（旧　入出二門偈作法）

入出二門偈を中心に構成された作法で、昭和八年（一九三三）に現行の『声明集』が発行される際に作法名が変更され、それ以前は入出二門偈作法と称していました。

◎頌讃（大師影供作法　頌讃と同じ）

◎入出二門偈（御文略）《入出二門偈頌（親鸞聖人）》

（原典六八一・三）
（註釈五四五・三）

【節譜】　廣文類作法　正信念仏偈と同じ

◎念佛（御文略）

【節譜】　八句念仏と言い、現在は甲のみ用いられていますが、元来甲乙の二様あって、報恩講作法の式間念仏として用いられたものであります。式間念仏は古くは坂東曲《ばんどうぶし》でありましたが、元禄二年（一六八九）に八句念仏に改められています。

◎回向句《浄土文類聚鈔（親鸞聖人）》

聞真實功徳　獲無上信心　（原典六二九・六）
則得大慶喜　獲不退轉地

真実《しんじつ》の功徳《くどく》を聞《き》き、無上《むじょう》の信心《しんじん》を獲《う》れば、　（註釈四九七・九）
すなはち大慶喜《たいきょうき》を得《え》、不退転地《ふたいてんじ》を獲《う》。

【節譜】　五會念佛作法　回向と同じ

報恩講作法

覚如上人が報恩講式を作られた時以来用いられている作法で、本山専用本には第一種と第二種が載っており、勤式集にあるのは第三種に当たりますが、第一種は本刹の御正忌報恩講法要に用いられ、第二種は大谷本廟の龍谷会で用いられます。共に最後に和讃の恩徳讃に声明の譜を付けて唱えるのが特徴です。声明集及び勤式集にある第三種は、一般寺院での報恩講に用いられるものです。

◎ 總禮頌《十二礼（龍樹菩薩造）》（原典一三七五・二）

《往生礼讃（中夜偈）（善導大師撰）》（原典七祖七六三・九）

稽首天人所恭敬　阿弥陀仙両足尊

在彼微妙安樂國　無量佛子衆圍繞

（註釈（初版）一四四一・二）

（註釈七祖六七七・一五）

天《てん》・人《にん》に恭敬《くぎょう》せられたまふ、阿弥陀仙両足尊《あみだせんりょうぞくそん》に稽首《けいしゅ》したてまつる。

かの微妙《みみょう》の安楽国《あんらくこく》にましまして、無量《むりょう》の仏子衆《ぶっししゅ》に囲繞《いにょう》せられたまへり。

【節譜】　讀經作法　先請伽陀と同じ

◎　至心礼（御文は觀無量壽經作法　至心礼と同じ）

【節譜】　『龍谷唄策』の如法念佛作法にあり、明治十四年（一八八一）覚秀によって作譜されたものです。

◎表白（略）《報恩講私記（覚如上人）》

（原典一〇八七・七）
（註釈一〇六五・一〇）

◎報恩講式（略）《報恩講私記（覚如上人）》

（原典一〇八八・一三）
（註釈一〇六六・一二）

◎念佛（御文略）

【節譜】

式文の各段が終わる毎に導師とは別に念仏頭が一句目を発音して唱えますので式間念仏と言います。

第一種では甲様乙様として譜が簡略化され、第二種では甲様のみにて旧本の八句念仏が用いられ、第三種では第一種の念仏を更に簡略にされた八句念仏となっています。これは昭和八年（一九三三）に改正された時、この譜が付けられたものと考えられます。現在ではこの第三種の念仏を本刹、龍谷会にも用いられています。

尚、第一種では、この式間念仏の後に二首づつ式間和讃を唱え、三回あるので全部で六首唱えます。（甲乙の二種があり、隔年に唱えます）

◎嘆徳文（略）《嘆徳文（存覚上人）》

（原典一一〇一・二）
（註釈一〇七七・二）

◎念佛（阿彌陀經作法　十一句念佛と同じ）

◎回向句（無量壽經作法　回向句と同じですが、但し、漢音で唱えます）

讃彌陀偈作法（旧　十二光禮）

十二光讃を中心に構成された作法で、昭和八年（一九三三）に現行の『声明集』が発行される際に、それ以前の十二光禮に依って作成され、その名称が改められました。

◎ 總禮頌《仏説無量寿経（康僧鎧訳）》

（原典一四・四）

稽首佛足　右繞三帀

長跪合掌　以頌讃曰

（註釈一一・七）

仏足《ぶっそく》を稽首《けいしゅ》し、右《みぎ》に繞《めぐ》ること三帀《さんぞう》して、長跪《じょうき》合掌《がっしょう》して、頌《じゅ》をもつて讃《ほ》めてまうさく、

【節譜】「大師影供作法」の五眼讃の譜を付けられたものです。

（原典七祖七五五・六）

◎頂礼文《往生礼讃（初夜偈）（善導大師撰）》

南無至心歸命礼　西方阿彌陀佛

（註釈七祖六七一・九）

南無《なも》して心《しん》を至《いた》し帰命《きみょう》して、西方《さいほう》の阿弥陀仏《あみだぶつ》を礼《らい》したてまつる。

【節譜】『龍谷唄策』の中にある讀經結願音用の対揚の譜を付けられたものであります。対揚は江戸時代から昭和初年まで用いられていましたが、現在はこの頂礼文に節譜が残されています。

◎十二光讃（御文略）《讃阿弥陀仏偈（曇鸞大師撰）》

（原典七祖一八三・四）
（註釈七祖一六一・四）

【節譜】　廣文類作法　正信念仏偈と同じ

◎回向句《往生礼讃（初夜偈）（善導大師撰）》

（原典七祖七六二・四）

哀愍覆護我　令法種増長
此世及後生　願佛常攝受
願共諸衆生　往生安樂國

（註釈七祖六七六・一五）

われを哀愍《あいみん》して覆護《ふご》し、法種《ほうしゅ》をして増長《ぞうじょう》せしめたまへ。
此世《しせ》および後生《ごしょう》に、願《ねが》はくは仏《ぶつ》つねに摂受《しょうじゅ》したまへ。
願《ねが》はくはもろもろの衆生《しゅじょう》とともに、安楽国《あんらくこく》に往生《おうじょう》せん。

【節譜】　魚山声明の『六巻帖』、普賢讃中の三力偈（中曲・出音徴・下無調）の譜に依っているものです。

淨土法事讃作法（旧　如法念佛作法）

昭和八年（一九三三）に現行の『声明集』が発行される際に、それまでの如法念佛作法を簡略化して作法名を変更したものであります。

◎召請偈《法事讃（善導大師撰）》

（原典七祖五七八・一）

般舟三昧樂大衆同心厭三界

三塗永絶願無名　乘佛願力往西方

（註釈七祖五〇九・一二）

般舟三昧楽《はんじゅざんまいらく》　［願往生］
大衆心《だいしゅしん》を同《おな》じくして三界《がい》を厭《いと》へ　［無量楽　般舟三昧楽　願往生］
三塗永《ずなが》く絶《た》えて願《ねが》はくは名《な》すらなからん　［無量楽］
［三界は火宅にして居止しがたし　願往生］
仏《ぶつ》の願力《がんりき》に乗《じょう》じて西方《さいほう》に往《ゆ》かん　［無量楽］

【節譜】　本願寺派で作譜された曲です。

◎至心礼（御文は観無量壽經作法　至心礼と同じ）

【節譜】　報恩講作法　至心礼と同じ

◎三奉請（御文は無量壽經作法　三奉請と同じ）

【節譜】　五會念佛作法　三奉請と同じ

◎誦讃《法事讃（善導大師撰）》

甲　（原典七祖六六五・一四）

四十八願慇懃喚　乗佛願力往西方
無問罪福時多少　心心念佛莫生疑

（註釈七祖五八七・五）

四十八願慇懃《がんおんごん》に喚《よ》ばふ［願往生］
仏《ぶつ》〔阿弥陀仏〕の願力《がんりき》に乗《じょう》じて西方《さいほう》に往《ゆ》かん［無量楽　般舟三昧楽　願往生］
［娑婆永く別れなばさらになにをか憂《うれ》へん　無量楽］
罪《ざい》と福《ふく》と時《じ》との多少《たしょう》を問《と》ふことなく［願往生］
心々《しんしん》に念仏《ねんぶつ》して疑《うたがい》を生《しょう》ずることなかれ［無量楽］

乙

行者見已心歓喜　終時從佛坐金蓮
一念乘華到佛會　即證不退入三賢

（原典七祖六〇二・三）

（註釈七祖五三一・六）

行者《ぎょうじゃ》見《み》をはりて心歓喜《しんかんぎ》し、
終《おわ》る時《とき》に仏《ぶつ》に従《したが》ひて金蓮《こんれん》に坐《ざ》し、
一念《いちねん》に華《はな》に乗《じょう》じて仏会《ぶつえ》に到《いた》り、
すなはち不退《ふたい》を証《しょう》して三賢《げん》に入《い》る。

甲

（原典七祖六六七・一）

直入彌陀大會中　見佛莊嚴無數億
供養冥空諸佛會　大會頂禮別彌陀

（註釈七祖五八八・七）

ただちに弥陀大会《みだだいえ》のなかに入《い》る［無量楽　般舟三昧楽　願往生］
仏《ぶつ》の荘厳《しょうごん》の無数億《むしゅおく》なるを見《み》る［無量楽］
〔中略〕
冥空《みょうくう》の諸仏会《しょぶつえ》を供養《くよう》したてまつる［無量楽　般舟三昧楽　願往生］
大会《だいえ》頂礼《ちょうらい》して弥陀《みだ》に別《わか》れたてまつる［無量楽］

【節譜】　「行者見已」などの四句は、『龍谷唄策』、浄土禮讃儀及び『梵唄集』には、甲として節譜されていますが、現行本では乙として節譜されています。甲「四十八願」の四句は、『龍谷唄策』・『梵唄集』の如法念佛作法の散華讃の中に用いられています。甲「直入彌陀」の初めの二句は、『聲明品彙』に報恩講伽陀として用いられてはいますが、誦讃としては新制のもので、節譜はいずれも誦讃・散華讃に依っていると考えられます。

◎念佛（御文は觀無量壽經作法　四句念仏と同じ）

【節譜】　如法念佛作法の終わりにあります三禮文に依って、昭和八年（一九三三）に作られたものであります。

◎回向（御文は大師影供作法　乙回向句と同じ）

【節譜】　五會念佛作法　回向と同じ

奉讃早引作法

早引の起源は、存覚上人の撰であります知恩講式（源空聖人）・両師講式（道綽、善導両師）につけられたものであり、存覚上人の時よりあったものと思われます。

◎ 頂礼文（御文は讃彌陀偈作法　頂礼文を参照）

【節譜】　『聲明品彙』に収められていますが、天台声明の中にはこの曲の本歌と考えられるものは見当らず、本願寺派で作曲された曲であろうと思われます。

◎奉讃（御文略）《正像末和讃・高僧和讃（親鸞聖人）》

太子章　（原典七三二・a三）
　　　　（註釈六一五・a三）
源空章　（原典七一八・c七）
　　　　（註釈五九五・b四）
他の六祖　（原典七〇七・a四）
　　　　（註釈五七八・a五）

太子讃十一首・源空讃二十首・龍樹讃十首・天親讃十首・曇

鸞讃十三首・道綽讃七首・善導讃十首・源信讃十首

【節譜】第九代実如上人時代に、旧暦二十二日（太子）・二十五日（源空）に早引を始められました。

◎念佛（観無量壽經作法の四句念仏と同じでありますが、最後に「摩訶薩」が付きます。これは、昭和八年（一九三三）に声明集の改訂の際に、多くの四句念仏についていたものを、この四句念仏にのみ残したものであります。）

◎回向（御文は大師影供作法　乙回向句と同じ）

【節譜】　五會念佛作法　回向と同じ

奉讃大師作法（第二種）

後述の奉讃大師作法（第一種）に詳細を記しますが、第一種とは畫讃が本譜か畧譜かの違いで、第二種は畧譜を用いています。

尚、第二種は昭和三十三年（一九五八）の大谷本廟親鸞聖人七百回大遠忌法要に初めて依用されました。

（第一種と異なる畫讃のみ記載）

◎　畫讃（御文は大師影供作法　畫讃と同じ）

【節譜】　大師影供作法の頌讃の譜を元にしています。

《付　録》

十二禮作法（旧　浄土三昧法）

十二禮を中心にした『龍谷唄策』『梵唄集』の浄土三昧法を昭和八年（一九三三）に現行の『声明集』が発行される際に作法名が変更されました。

◎總禮頌《十住毘婆沙論（易行品）（龍樹菩薩造）》

（原典七祖一七・六）

人能念是佛　無量力功［威］德

即時入必定　是故我常念

（註釈七祖一六・一）

人《ひと》よくこの仏《ぶつ》の無量《むりょう》力《りき》威《い》徳《とく》を念《ねん》ずれば、即時《そくじ》に必定《ひつじょう》に入《い》る。このゆゑにわれつねに念《ねん》じたてまつる。

【節譜】　無量壽經作法　總禮頌と同じ

但し、無量壽經作法は六句（一句七文字）でありますが、十二禮作法のは四句（一句五文字）の為、旋律型を省略した箇所があります。

◎至心礼（御文は觀無量壽經作法　至心礼と同じ）

【節譜】　觀無量壽經作法の至心礼を参照されたい。ただし『常住』の譜が異なっています。

◎十二禮（御文略）《十二礼（龍樹菩薩造）》

（原典一三七五・二）

（註釈〔初版〕一四四一・二）

【節譜】　廣文類作法　正信念仏偈と同じ

◎念佛（御文略）

【節譜】　無量壽經作法　十一句念佛と同じ

◎回向（御文は大師影供作法　乙回向句と同じ）

【節譜】　五會念佛作法　回向と同じ

圓光大師會作法

『龍谷唄策』の知恩講を簡略化したものでありますが、源空聖人の御命日であります三月七日の日中法要に用いられます。

（原典七祖七五五・六）

◎頂礼文（讃彌陀偈作法　頂礼文参照）

南無帰命頂礼　西方阿彌陀佛

（註釈七祖六七一・九）

南無《なも》し〔て心《しん》を至《いた》し〕帰命《きみょう》して、西方《さいほう》の阿弥陀仏《あみだぶつ》を礼《らい》したてまつる。

【節譜】『龍谷唄策』の太子講の總禮文の譜に依ったものであります。

◎三選章《選択本願念佛集（源空聖人撰）》

（原典七祖一四二九・一三）

速欲離生死　二種勝法中　且閣聖道門　選入浄土門

欲入浄土門　正雑二行中　且抛諸雑行　選應歸正行
欲修於正行　正助二業中　猶傍於助業　選應専正定
正定之業者　即是稱佛名　稱名必得生　依佛本願故

（註釈七祖一二八五・六）

それすみやかに生死《しょうじ》を離《はな》れんと欲《おも》はば、二種《しゅ》の勝法《しょうぼう》のなかに、しばらく聖道門《しょうどうもん》を閣《さしお》きて選《えら》びて浄土門《じょうどもん》に入《い》るべし。浄土門《じょうどもん》に入《い》らんと欲《おも》はば、正雑《しょうぞう》二行《にぎょう》のなかに、しばらくもろもろの雑行《ぞうぎょう》を抛《なげす》てて選《えら》びて正行《しょうぎょう》に帰《き》すべし。正行《しょうぎょう》を修《しゅ》せんと欲《おも》はば、正助《しょうじょ》二業《ごう》のなかに、なほ助業《じょごう》を傍《かたわ》らにして選《えら》びて正定《しょうじょう》をもつぱらにすべし。正定《しょうじょう》の業《ごう》とは、すなはちこれ仏名《ぶつみょう》を称《しょう》するなり。名《みな》を称《しょう》すれば、かならず生《しょう》ずることを得《う》。仏《ぶつ》の本願《ほんがん》によるがゆゑなり。

【節譜】『声明品彙』には三選章として出ていますが、節譜は異なっています。また『龍谷唄策』にも三選章として出ていますが、呂曲・出音徴・平調で依用されています。尚節譜の元は、魚山声明の「法華懺法」（本譜）中の経段「妙法蓮華經安樂行品」（呂曲）に依っており、明治十五年（一八八二）覚秀の作譜になるものであります。

◎念佛（無量壽經作法　十一句念佛と同じ）

◎回向（御文は大師影供作法　乙回向句と同じ）

【節譜】　五會念佛作法　回向と同じ

上宮太子會作法

『龍谷唄策』の太子講に依った作法でありますが、聖徳太子の御命日であります四月十一日の日中法要に用いられます。

◎頂礼文（圓光大師會作法　頂礼文と同じ）

◎太子奉讃《正像末和讃（親鸞聖人）》

（原典七三二・c九）
（註釈六一六・a九）

和國の教主聖徳皇
廣大恩徳謝しかたし
一心に帰命したてまつり
奉讃不退ならしめよ

［小本和讃二〇四丁左　正像末和讃「聖徳奉讃」（九十）］
（原典七三二・b九）
（註釈六一五・b九）

他力の信をえんひとは

佛恩報せんためにとて
如来二種の廻向を
十方にひとしくひろむへし

［小本和讃二〇三丁右　正像末和讃「聖徳奉讃」（八七）］

【節譜】『龍谷唄策』の太子講の大悲段の譜を、太子和讃に節譜されたものであります。ただし、『声明品彙』に大悲段が使用されていますが、節譜は異なっています。尚、『龍谷唄策』の大悲段の譜は、魚山声明、六巻帖、両界讃中の「九方便」の譜に依ったものでありますが、魚山では「声明大成」で切音《きりごえ》、中音、四分全、本曲と四種類の唱え方に分けられています。その内四分全の唱え方が現行で依用されています。

◎念佛（無量壽經作法　十一句念佛と同じ）

◎回向（御文は大師影供作法　乙回向句と同じ）

【節譜】　五會念佛作法　回向と同じ

奉讃大師作法（第一種）

昭和三十六年（一九六一）にご修行の親鸞聖人七百回大遠忌法要に依用の為に制定されました。

従来の大遠忌法要は無量寿会作法や報恩講作法など、僧侶のみが唱える作法が主でしたが、七百回大遠忌法要において、この作法を制定することにより、参拝の門信徒の方々も共に唱える大衆唱和の法要が勤まるようになりました。

◎三奉請（五會念佛作法　三奉請と同じ）

◎頌讃（大師影供作法　頌讃と同じ）

◎畫讃（大師影供作法　畫讃と同じ）

◎正信念佛偈（廣文類作法　正信念佛偈と同じ）

◎念佛（無量壽經作法　十一句念佛と同じ）

◎回向（五會念佛作法　回向と同じ）

正信念佛偈作法（第二種）

昭和四十八年（一九七三）にご修行の親鸞聖人御誕生八百年・立教開宗七百五十年慶讃法要の一般寺院用として制定されました。

◎三奉請（御文は無量壽經作法　三奉請と同じ）

【節譜】　五會念佛作法　三奉請と同じ

◎正信念佛偈（廣文類作法　正信念佛偈と同じ）

◎念佛（無量壽經作法　十一句念佛と同じ）

◎回向（御文は大師影供作法　乙回向句と同じ）

【節譜】　五會念佛作法　回向と同じ

尚、「正信念佛偈作法　第二種」の経本には最初に讃歌・傳供《てんぐ》、回向の後に奉讃早引和讃（二首）が掲載されていますが、これは法要に際して用いても、用いなくても結構です。

正信念佛偈作法（第三種）

第二種と同様に、本山での親鸞聖人御誕生八百年・立教開宗七百五十年慶讃法要に依用の為に制定されました。

◎三奉請（御文は無量壽經作法　三奉請と同じ）

【節譜】　五會念佛作法　三奉請と同じ

◎頌讃《法事讃（善導大師撰）》

大衆人人皆合掌
悲喜交流深自慶
四十八願慇懃喚
乘佛願力往西方

（原典七祖六六五・三、九、一四、一五）

大衆人々《だいしゅにんにん》みな合掌《がっしょう》せよ　［無量楽］

（註釈七祖五八六・九、一五　五八七・五）

〔中略〕
悲喜交流《ひききょうる》して深《ふか》くみづから慶《よろこ》ぶ　［無量楽］
〔中略〕

四十八願慇懃《がんおんごん》に喚《よ》ばふ［願往生］

仏《ぶつ》〔阿弥陀仏〕の願力《がんりき》に乗《じょう》じて西方《さいほう》に往《ゆ》かん［無量楽］

【節譜】　大師影供作法の頌讃の譜を元にしています。

◎正信念佛偈（廣文類作法　正信念佛偈と同じ）

◎念佛（無量壽經作法　十一句念佛と同じ）

◎回向句《往生礼讃［初夜偈］（善導大師撰）》

（原典七祖七六一・一一）

自信教人信　難中轉更難
大悲傳普化　真成報佛恩

（註釈七祖六七六・一一）

みづから信《しん》じ人《ひと》を教《おし》へて信《しん》ぜしむること、難《かた》きがなかにうたたさらに難《かた》し。大悲《だいひ》をもつて伝《つた》へてあまねく化《け》するは、まことに仏恩《ぶっとん》を報《ほう》ずるになる。

【節譜】　五會念佛作法　回向と同じ

◎讃《報恩講私記（覚如上人）》

他力真宗ノ興行ハ　今師ノ知識ヨリ起リ
専修正行ノ繁昌ハ　遺弟ノ念力ヨリ成ズ
（註釈一〇六八・五）

〔原文〕
他力眞宗興行〔則〕起従今師知識
専修正行繁昌〔亦〕成自遺弟念力
（原典一〇九〇・一五）

【節譜】「他力真宗ノ」の御文に「讀經作法」の讃（恩徳讃）の略譜の譜を付けました。

奉讃蓮如上人作法

平成十年（一九九八）の蓮如上人五百回遠忌法要の際に制定されました。

◎三奉請（御文は無量壽經作法　三奉請と同じ）

【節譜】　五會念佛作法　三奉請と同じ

◎画讃《蓮如上人五百回遠忌法要にて新規作成》

八十餘年仰佛恩
信因稱報讃宗源
法城嚴護文章力
本願慈風導後昆

八十余年《はちじゅうよねん》、仏恩《ぶっとん》を仰《あお》ぎ、
信因称報《しんいんしょうほう》に、宗源《しゅうげん》を讃《さん》ず。
法城《ほうじょう》を厳護《ごんご》して文章《ぶんしょう》に力《つと》む。
本願《ほんがん》の慈風《じふう》、後昆《ごこん》を導《みちび》く。

【節譜】　大師影供作法の頌讃の譜を元にしています。

◎正信念佛偈（廣文類作法　正信念佛偈と同じ）

◎念佛（御文略）

【節譜】　報恩講作法の式間念佛を元に新たに作成

◎蓮如上人奉讃早引（御文略）

【節譜】　奉讃早引作法の早引を元に新たに作成

◎回向（御文は大師影供作法　乙回向句と同じ）

【節譜】　五會念佛作法　回向と同じ

宗祖讃仰作法

平成二十三年（二〇一一）の宗祖親鸞聖人七百五十回大遠忌法要に依用の為、平成二十年（二〇〇八）に制定されましたが、当初は第一種・第二種・第三種の三種とし、第一種と第二種は内容は同じでありますが、第一種と第二種との相違は、縁儀を用いるか、庭儀を用いるかの違いと、和讃にて行道を用いるか、用いないかの違いであり、第一種は本山で、第二種は大谷本廟での大遠忌法要で用いるとされ、第三種は音楽法要としましたが、後に一般寺院等における宗祖讃仰作法の内容について「宗祖讃仰作法」

「宗祖讃仰作法（音楽法要）」としました。

「宗祖讃仰作法」は正信偈を依経段と依釈段に分け、依経段はその意味に当たる和讃を十首用い、依釈段においては七高僧の和讃を一首づつ、それぞれそのお名前が出ている和讃及びその教えが的確に表されていることを条件に七首選ばれました。

◎頂礼文《『報恩講私記』（覚如上人）の「仏名」より選出》

（原典一〇九六・一五）

（註釈一〇七三・一四）

南無帰命頂礼　極楽能化　弥陀如来

【節譜】　讃彌陀偈作法の頂礼文を元に新たに作成

◎　和讃（依経段）

（原典七二六・c一）

（註釈六〇六・b九）

如来の作願をたづぬれば　苦悩の有情をすてずして

回向を首としたまひて　大悲心をば成就せり

［小本和讃一七七丁右　正像末和讃「三時讃」（三八）］

帰命無量寿如来～超発希有大弘誓　八句

（原典七二四・b九）
（註釈六〇三・b五）

超世无上に摂取し　選択五劫思惟して
光明寿命の誓願を　大悲の本としたまへり

［小本和讃一六七丁左　正像末和讃「三時讃」（一九）］
五劫思惟之摂受〜無㝵無対光炎王　四句
（原典六九八・c五）
（註釈五六六・b五）

无㝵光佛のひかりには　清浄歓喜智慧光

その徳不可思議にして　十方諸有を利益せり

［小本和讃五八丁左　浄土和讃「大経讃」（五七）］

清浄歓喜智慧光～一切群生蒙光照　四句

（原典六九四・c九）

（註釈五六〇・b九）

十方諸有の衆生は　阿弥陀至徳の御名をきゝ

真実信心いたりなば　おほきに所聞を慶喜せん

［小本和讃四一丁右　浄土和讃「讃弥陀偈讃」（二五）］

本願名号正定業　一句

（原典六九八・c一〇）

（註釈五六六・b九）

至心信楽欲生と　十方諸有をす丶めてぞ

不思議の誓願あらはして　真実報土の因とする

〔小本和讃五九丁右　浄土和讃「大経讃」（五八）〕

至心信楽願為因　一句

（原典六九九・a一）

（註釈五六七・a一）

真実信心うるひとは　すなはち定聚のかずにいる
不退のくらいにいりぬれば　かならず滅度にいたらしむ

［小本和讃五九丁左　浄土和讃「大経讃」（五九）］

成等覚証大涅槃　必至滅度願成就　二句

（原典六九八・b五）
（註釈五六六・a五）

如来興世の本意には　本願真実ひらきてぞ
難値難見とときたまひ　猶霊瑞華としめしける

［小本和讃五七丁右　浄土和讃「大経讃」（五四）］
如来所以興出世〜不断煩悩得涅槃　六句
（原典七一二・a五）
（註釈五八五・b一）

名号不思議の海水は　逆謗の屍骸もとゞまらず
衆悪の万川帰しぬれば　功徳のうしほに一味なり

［小本和讃一一四丁右　高僧和讃「曇鸞讃」（四一）］
凡聖逆謗斉回入　如衆水入海一味　二句

（原典七一二・c五）
（註釈五八六・b一）

无㝵光如来の名号と　かの光明智相とは
无明長夜の闇を破し　衆生の志願をみてたまふ

［小本和讃一一七丁右　高僧和讃「曇鸞讃」（四七）］
摂取心光常照護～是人名分陀利華　十二句

（原典七〇〇・a九）
（註釈五六八・b九）

一代諸教の信よりも　弘願の信楽なをかたし

難中之難とときたまひ　無過此難とのべたまふ

［小本和讃六五丁右　浄土和讃「大経讃」（七〇）］

弥陀仏本願念仏～難中之難無過斯　四句

【節譜】経段のように読経風に唱えるよう新たに作られましたが、十首目の最後には正信偈真譜の際の七遍返しの節を用いています。

◎念　佛（四句念佛）（御文略）

【節譜】　観無量壽經作法の十句の念佛を元に新たに作譜されました。

参　考

一句目↓念佛（十句）の一句目　同様

二句目↓念佛（十句）の六句目　「弥」のオルと受下が違う

三句目↓念佛（十句）の七句目　同様

四句目↓念佛（十句）の十句目　同様

（原典七〇七・c五）

◎和讃（依釈段）

本師龍樹菩薩の　おしへをつたへきかんひと
本願こゝろにかけしめて　つねに弥陀を称ずべし

（註釈五七九・a五）

［小本和讃九五丁右　高僧和讃「龍樹讃」（五）］

（原典七〇九・a九）

（註釈五八一・a五）

天親論主は一心に　無导光に帰命す
本願力に乗ずれば　報土にいたるとのべたまふ

［小本和讃一〇一丁右　高僧和讃「天親讃」（一六）］

（原典七〇九・c七）

（註釈五八二・a四）

本師曇鸞和尚は　菩提流支のおしへにて

仙経ながくやきすて、　浄土にふかく帰せしめき

［小本和讃一〇四丁右　高僧和讃「曇鸞讃」（二一）］

（原典七一三・c三）

（註釈五八八・a一）

本師道綽禅師は　聖道万行さしおきて
唯有浄土一門を　通入すべきみちととく

［小本和讃一二一丁左　高僧和讃「道綽讃」（五五）］
（原典七一四・c一）

大心海より化してこそ　善導和尚とおはしけれ
末代濁世のためにとて　十方諸佛に証をこふ

（註釈五八九・a八）
［小本和讃一二五丁左　高僧和讃「善導讃」（六二）］

本師源信ねんごろに　一代佛教のそのなかに
（原典七一七・c五）
（註釈五九四・a一）
念佛一門ひらきてぞ　濁世末代おしへける

［小本和讃一三九丁左　高僧和讃「源信讃」（八九）］
（原典七一九・a一）
（註釈五九五・b八）

智慧光のちからより　本師源空あらはれて
浄土真宗をひらきつゝ　選択本願のべたまふ

［小本和讃一四五丁右　高僧和讃「源空讃」（九九）］

【節譜】　報恩講作法の式間和讃の譜を参考に作譜されました。

◎念　佛（八句念佛）（御文略）

【節譜】　前半は報恩講作法の式間念佛を、後半は正信偈真譜の際の七遍返しの譜を参考に作譜されました。

◎回向文（和讃）

（原典七二一・b六）
（註釈五九九・b六）

南无阿弥陀佛をとけるには　衆善海水のごとくなり
かの清浄の善身にえたり　ひとしく衆生に回向せん

［小本和讃一五六丁左　高僧和讃「最後の和讃」（一一九）］
我説彼尊功徳事〜廻施衆生生彼國

『往生礼讃（善導大師撰）　中夜偈　十二礼』の第十二頌　廻向門

【節譜】　葬場勤行の回向の譜を元にしています。

宗祖讃仰作法（音楽法要）

宗祖讃仰作法と同じく、平成二十三年（二〇一一）の宗祖親鸞聖人七百五十回大遠忌法要に依用の為、平成二十年（二〇〇八）に制定されましたが、伴奏にオルガンのほか、雅楽の三管（笙・篳篥・横笛）と三鼓（鞨鼓・太鼓・鉦鼓）が用いられています。

又、後半の「和讃・念佛」の和讃は、第二十四代即如門主の「大遠忌の御消息」のお心を表したものや、恒例法要での御親教に引用された和讃を用いています。

◎宗祖御消息拝読

（原典八六五・九）
（註釈七八五・三）

弥陀の本願とまふすは
名号をとなへんものをは
極楽へむかへんと
ちかはせたまひたるを
ふかく信してとなふるか
めてたきことにて候なり

親鸞聖人御消息　第二十六通より抜粋

◎頂礼文（御文は宗祖讃仰作法の頂礼文と同じ）

【節譜】新たに作成し、追唱形式になっています。

◎正信念佛偈（廣文類作法　正信念佛偈と同じ。但し、伴奏にオルガン及び雅楽の三鼓［鞨鼓・太鼓・鉦鼓］）を用います）

◎和讃・念佛

【節譜】　新たに作成

◎和讃

（原典七〇一・c三）
（註釈五七一・a三）

十方微塵世界の　念佛の衆生をみそなはし
摂取してすてざれは　阿弥陀となづけたてまつる

［小本和讃七二丁右　浄土和讃「弥陀経讃」（八二）］
「大遠忌の御消息」のお心を表しています。

（原典七一八・b五）
（註釈五九五・a一）

煩悩にまなこさへられて　摂取の光明みざれども
大悲ものうきことなくて　つねにわが身をてらすなり

［小本和讃一四二丁左　高僧和讃「源信讃」（九五）］
「大遠忌の御消息」のお心を表しています。

◎念佛（四句）（御文略）

◎和讃

（原典七一六・a九）
（註釈五九一・b五）

五濁悪世のわれらこそ　金剛の信心ばかりにて
ながく生死をすてはてゝ　自然の浄土にいたるなれ

［小本和讃一三三丁左　高僧和讃「善導讃」（七六）］
平成十六年（二〇〇四）春の法要、平成十八年（二〇〇六）秋の法要の御親教で　引用されています。

（原典七二二・a四）
（註釈六〇〇・a四）

弥陀の本願信ずべし　本願信ずるひとはみな
　摂取不捨の利益にて　无上覚をばさとるなり

［小本和讃一五八丁右　正像末和讃「夢告讃」（一）］
平成十六年（二〇〇四）秋の法要の御親教で引用されています。

◎念佛（四句）（御文略）

◎和讃

弥陀の回向成就して　往相還相ふたつなり
これらの回向によりてこそ　心行ともにえしむなれ
（原典七一一・b一）
（註釈五八四・a九）

［小本和讃一一〇丁左　高僧和讃「曇鸞讃」（三四）］
平成十八年（二〇〇六）御正忌報恩講の御親教で引用されています。
（原典七二八・b五）
（註釈六〇九・b一）

弥陀大悲の誓願を　ふかく信ぜんひとはみな
ねてもさめてもへだてなく　南无阿弥陀佛をとなふべし

［小本和讃一八五丁右　正像末和讃「三時讃」（五四）］
平成十五年（二〇〇三）秋の法要、平成十八年（二〇〇六）御正忌報恩講の御親教で引用されています。

◎念佛（十二句）（御文略）

◎回向文（和讃）

（原典七二九・a一）
（註釈六一〇・a九）

如来大悲の恩徳は　身を粉にしても報ずべし
師主知識の恩徳も　ほねをくだきても謝すべし

［小本和讃一八七丁左　正像末和讃「三時讃」（五十九）］
平成二十年（二〇〇八）御正忌報恩講の御親教で引用されています。

【節譜】
讃歌「恩徳讃」旧譜（作曲者・・澤　康雄）を用いています。

◎ 宗祖御消息拝読

（原典八六六・一）
（註釈七八五・一二）

この身は　いまは　としきはまりてさふらへは
さためてさきたちて往生し候はんすれは
浄土にて　かならす〳〵　まちまいらせさふらふへし

親鸞聖人御消息　第二十六通より抜粋

著者紹介

堤　楽祐（つつみ ぎょうゆう）

昭和24年(1949)　8月生まれ
昭和48年(1973)　龍谷大学文学部卒業
昭和49年(1974)　本願寺法務部（現式務部）奉職
得度習礼・教師教修所指導員を経て、高岡教区・
東北教区教務所長を務める
平成16年(2004)　8月勤式指導所主任
平成26年(2014)　8月定年退職
名誉知堂・勤式指導所専任講師・習礼教修所講師・
中央仏教学院講師・元龍谷大学非常勤講師・
滋賀教区愛知下組普門寺住職
著書
『勤式作法手引書』（永田文昌堂）

『勤式集』解説

2019年12月20日　第1刷

著　者　堤　楽祐
発行者　永田　悟
印刷所　㈱図書印刷同朋舎
製本所　㈱吉田三誠堂
発行所　永田文昌堂
京都市下京区花屋町通西洞院西入
電　話　075(371)6651番
FAX　075(351)9031番
振　替　01020－4－936

ISBN978-4-8162-5830-5 C3015